Hallo!

In der Geschichte findest du an einigen Stellen Profifragen zum Text.

Deine Antworten kannst du mit einem Lesezeichen überprüfen. Das kannst du hinten aus dem Buch herausnehmen.

Es ist dein Lösungsschlüssel!

Erschienen bei FISCHER Duden Kinderbuch

Fachberatung: Ulrike Holzwarth-Raether
Lektorat: Sophia Marzolff
Gestaltungskonzept: Farnschläder & Mahlstedt, Hamburg
Umschlagkonzept: Frauke Schneider, Wittighausen
Satz: Michelle Vollmer, Mainz
Umschlaglayout: Mischa Acker, Brühl

Druck und Bindung:
Grafisches Centrum Cuno GmbH & Co. KG, Calbe
Printed in Germany
ISBN 978-3-7373-3381-8

Ein Delfin für Theo

Sabine Stehr
mit Bildern von Katharina Wieker

FISCHER Duden Kinderbuch

Inhalt

1. Theos Lieblingstier

Es läutet zur dritten Stunde.
Theo stürmt in den Kunstraum.
„Heute malt jeder sein Lieblingstier!“,
erklärt Frau Baum.

Sie verteilt die Farbkästen.
Theo legt sofort los.
Eifrig pinselt er
einen Delfin auf den Block.

Neben Theo sitzt Katrin.
Sie malt eine niedliche Katze.
Frau Baum kommt an Theos Tisch.
„Gut gelungen!“, findet sie.
Katrin murmelt:
„Ich finde nur Tiere toll,
die man zu Hause haben kann.“
Nach der 5. Stunde schnappt Theo
seinen Ranzen und verschwindet.

Profifrage 1

Warum ist Theo traurig?

- Weil er sein Lieblingstier nicht im Haus halten kann.

Sonst turnt er immer noch
über das Klettergerüst. Diesmal nicht.
Katrins Satz hat ihn traurig gemacht.
Nachdenklich trottet er
über den Schotterweg zu Oma Else.

- Weil Katrin sein Bild blöd findet. 
- Weil Katrin ihn auslacht. 

Heute ist Oma-Tag.
Da kocht Oma Else mittags für Theo.
Und am Nachmittag unternehmen
die beiden immer schöne Dinge.
Letzte Woche waren sie im Schwimmbad.

Oma hat Pizza gemacht.
Pizza ist Theos Leibgericht.
Aber heute knabbert Theo
nur auf dem Rand herum.
„Bist du krank?“, fragt Oma Else.
Theo schüttelt den Kopf.

„Ich hätte sooo gern einen Delfin“,
seufzt Theo nach dem Essen.
Oma Else lacht.
„Wie soll das gehen?
Etwa in der Badewanne?“
Theo seufzt wieder.
Oma Else wirft Theo
seine grüne Jacke zu.
„Komm mit“, sagt sie.

Zusammen machen sich beide auf den Weg in den Schlosspark. Versteckt hinter großen Eichen steht ein verschnörkeltes Gebäude: die Bücherei.

Hier war Theo noch nie.
Es gibt eine Spiele-Ecke
und ein Lesesofa.
Viel spannender findet Theo jedoch
die Delfinbücher im Erdgeschoss.
Zum Schluss bekommt Theo noch
eine eigene Ausleihkarte.
So kann er einen ganzen Packen Bücher
mit nach Hause nehmen.

Profifrage 2

Welches ist das
Sternbild „Delfin“?

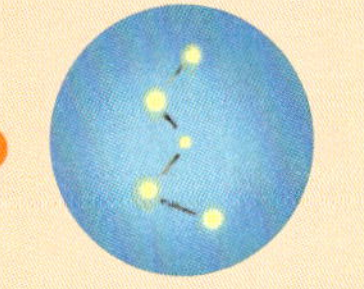

Draußen im Park ist es schon dunkel.
Am Himmel funkeln die ersten Sterne.
Theo sucht das Sternbild „Delfin“.
Plötzlich saust eine Sternschnuppe
über den Horizont.
„Was du dir jetzt wünschst,
geht vielleicht in Erfüllung!“,
sagt Oma Else und lächelt.
Theo muss keine Sekunde überlegen.

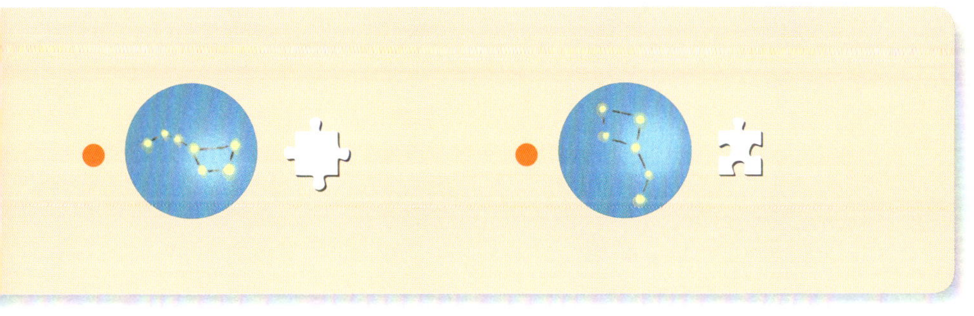

2. Auf geheimer Mission

Ein paar Tage später liegt Theo
auf dem Bett und schmökert
in einem Buch über Meerestiere.
Da ruft Oma Else an.
„Hör zu, Theo:
Wir treffen uns am Samstag
zu einer geheimen Mission.“
Mehr verrät sie nicht. Theo grübelt.
Was hat Oma Else nur vor?

Am Samstag springt Theo
ganz früh aus den Federn.
Nach dem Frühstück
klebt er an der Fensterscheibe.
Endlich entdeckt er Oma Else
am Ende der Straße.
Schnell schlüpft er in seine Schuhe
und läuft ihr entgegen.
In seinem Bauch kribbelt es.
Eine geheime Mission!
Das klingt so aufregend.

Sie gehen zur Bushaltestelle.
Dort steigen sie in die Linie 8.
Oma Else verrät immer noch nicht,
was sie vorhat.
Aber Theo weiß: Die 8 hält direkt
vor der Tierhandlung.
Will Oma Else ihm etwa
einen Goldfisch kaufen?
Als Ersatz für einen Delfin?
Doch der Bus fährt weiter
und sie steigen nicht aus.

Ach so! Jetzt weiß Theo Bescheid.
„Es geht in den Zoo“, murmelt er.
Seine Oma nickt.
„Ein Zoobesuch ist schön“, denkt Theo.
„Aber das ist doch keine Geheimmission!“

Als sie an der Zookasse anstehen, ist Theos Enttäuschung verflogen. Er freut sich. Gleich wird er seine Lieblingstiere sehen.

Oma Else und Theo eilen
vorbei an kreischenden Affen,
an langhalsigen Giraffen und
an fauchenden Löwen.
In Windeseile
haben sie das Delfinarium erreicht.

Theo zieht an der Eingangstür,
doch die Tür ist verschlossen.
Auf einem Schild steht „Heute Ruhetag“.
„Keine Sorge!“, beruhigt Oma Else
ihren Enkel.
Sie drückt den Klingelknopf.

Eine Frau mit wuscheligen Haaren
nähert sich und schließt auf.
„Hallo!“, grüßt sie freundlich.
„Das ist meine Freundin Hanne“,
erklärt Oma Else.
„Sie ist Tierpflegerin und
gibt uns heute eine Sondervorstellung.“
Theo sperrt vor Erstaunen
den Mund weit auf.

3. Ein neuer Freund

Er folgt den beiden Frauen
durch einen gefliesten Gang.
Von Weitem erkennt er
die Halle mit den Becken.
Dann hört Theo ein Plätschern.
Und da sieht er sie endlich:
Im Becken tummeln sich zwei Delfine.

Der Größere übt Saltos,
der Kleinere balanciert einen Ball.
Hanne winkt Theo ans Becken.
Noch nie war Theo
seinen Lieblingstieren so nahe.
Hanne greift in einen Eimer
und reicht Theo
einen glitschigen Fisch.
„Möchtest du Lupo füttern?
Das ist der kleinere Delfin.“

Profifrage 3

Was stimmt?
Delfine wie Lupo
nennt man auch …

- Kleiner Tummler
- Großer Tümmler
- Kleiner Tümpler

Theo nickt schüchtern
und nimmt den Hering.
Sein Herz wummert heftig.
Lupo gleitet auf ihn zu.
Er reckt seinen Kopf aus dem Wasser
und sperrt die Schnauze auf.
Theo wirft ihm den Leckerbissen zu.

Zum Dank tänzelt Lupo
auf seiner Schwanzflosse umher.
Theo lacht. Lupo lacht ebenfalls.
Dazu gibt er Klicklaute von sich:
klick, klick, klick.

„Das heißt sicher:
‚Willst du mein Freund sein?‘“,
verrät ihm Hanne.
„Delfine haben nämlich
ihre eigene Sprache.“
Dann fragt sie Theo,
ob er bei einem Kunststück
ihr Assistent sein will.
„Natürlich!“, ruft Theo aufgeregt.

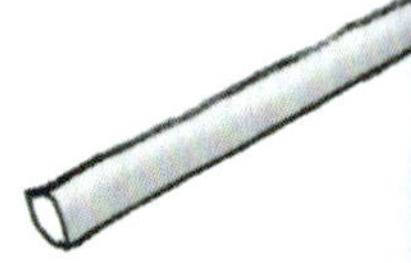

Zusammen halten sie
eine Metallstange über das Becken.
Am Ende der Stange ist ein Ring.
Hanne bläst in ihre Trillerpfeife
und schon flitzt Lupo herbei.

Pfeilschnell schießt er
aus dem spritzenden Wasser
und springt durch den Silberring.
Theo bekommt eine Gänsehaut.
Diesen Moment wird er
in tausend Jahren nicht vergessen.
Aber es kommt noch besser.
Als Theo am Beckenrand steht,
nähert sich Lupo erneut.
„Magst du ihn streicheln?“,
fragt Hanne.

Theo nickt.
Er streckt die zittrige Hand aus.
Vorsichtig berührt er
die Haut des Delfins.
Lupo fühlt sich unglaublich an,
glatt und weich,
wie nasser, fester Gummi.
Theo lacht und Lupo klatscht
in die Flossen.

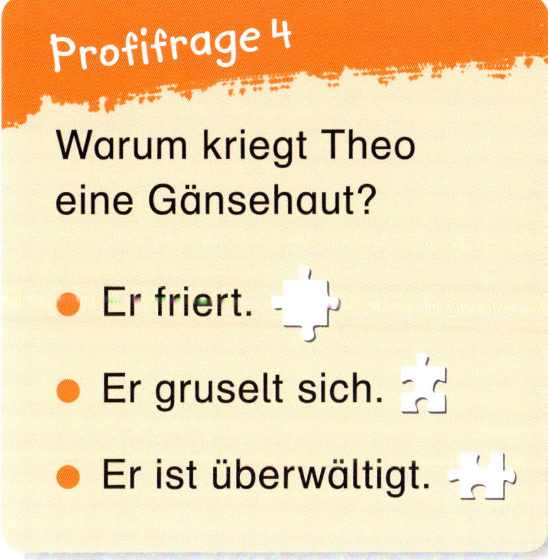

Profifrage 4

Warum kriegt Theo
eine Gänsehaut?

- Er friert.
- Er gruselt sich.
- Er ist überwältigt.

Theo sieht Lupo noch eine Weile zu.
„Das ist besser als ein Haustier
in der Badewanne“, flüstert er.
Hanne lächelt:
„Noch besser hat es ein Delfin
natürlich im Meer.“
Theo seufzt. Das stimmt.
„Darf ich mal wiederkommen?“

Oma Else und Hanne zwinkern sich zu.
Die Tierpflegerin reicht Theo
eine große Karte. Darauf steht
TIERPATENSCHAFT.
Daneben klebt ein Foto von Lupo.
„Du bist jetzt so eine Art
Patenonkel von Lupo“, erklärt Hanne.
„Du darfst ihn jederzeit besuchen.“
Vor Freude drückt Theo seine Oma,
so fest er kann.

Am Montag sitzt Theo wieder
im Kunstunterricht.
Er ergänzt sein Bild:
Neben den Delfin
malt er noch einen Jungen.
Der Junge sieht aus wie er.

Später heftet Frau Baum
das Bild an die Wand.
Theo lächelt zufrieden,
weil er Lupo
jetzt immer sehen kann.
Und weil Katrin sich geirrt hat:
Man muss sein Lieblingstier
nicht zu Hause haben.
Theo freut sich schon
auf seinen nächsten Besuch
bei Lupo!

Für Vollprofis

Jetzt ist die Geschichte zu Ende.
Hier gehts mit Aufgaben für Vollprofis weiter!
Die Lösungen findest du ab S. 43.

1. Eine Lesepyramide:

Tier
Tierpaten
Tierpatenschaft
eine Tierpatenschaft
eine Tierpatenschaftsurkunde
eine Tierpatenschaftsurkunde erhalten

Magst du selbst eine Lesepyramide bauen? Versuchs mal. Du brauchst nicht alle Linien zu verwenden.

2. Welches Tier kann man zu Hause halten?

3. Da stimmt was nicht? Machs richtig.

Geheimhandlung	Ruheknopf
Trillerhaut	Gänsepfeife
Klingeltag	Tiermission

Für Vollprofis

4. Sieh dir die Illu auf S. 19 an.
Findest du die Unterschiede?

5. Worüber stolperst du beim Lesen?

Und im am Nachmittag unternehmen die beiden immer schöne keine Dinge.

Da kocht durch Oma Else mittags auf für Theo.

Nächste Letzte Woche waren sie auf dem im Schwimmbad.

Heute ist über Oma-Tag.

6. Was stimmt?

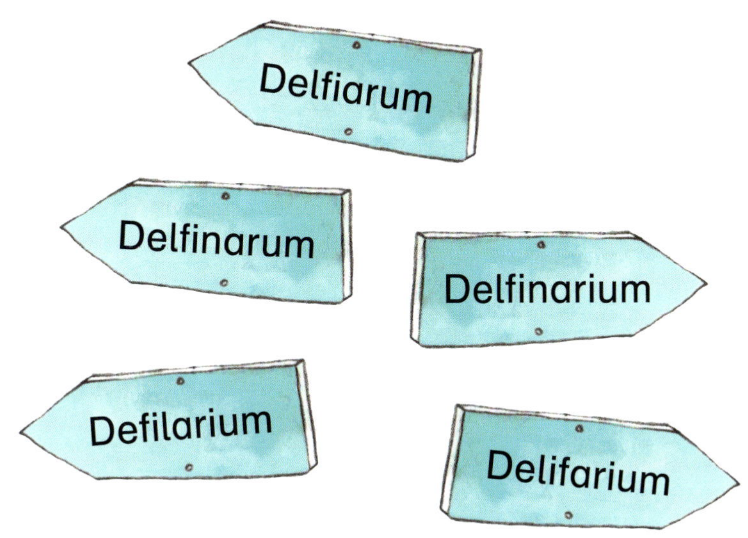

7. Ja oder nein?

	ja	nein
Hat Oma Else eine Trillerpfeife?		
Trägt Hanne eine Halskette?		
Hat Hanne Locken?		
Sprechen Delfine eine eigene Sprache?		
Hat das Delfinarium geöffnet?		
Hat Oma Else eine Freundin?		
Fressen Delfine Heringe?		

Für Vollprofis

8. Woran merkt man, dass Theo schrecklich aufgeregt ist?

Sein Herz ______________________________ .

Seine Hand ______________________________ .

In seinem Bauch ___________________________ .

9. Wie heißen die Meerestiere?

Herzlichen Glückwunsch!

Geschafft. Jetzt bist du ein echter Leseprofi! Noch mehr spannende Bücher findest du unter www.duden-leseprofi.de

2.

3. Geheimmission
Tierhandlung
Ruhetag
Klingelknopf
Trillerpfeife
Gänsehaut

4.

Mamas Becher ist eigentlich blau.
Theos Becher ist eigentlich gelb.
Papas Becher ist eigentlich grün.

5. Und ~~im~~ am Nachmittag unternehmen die beiden immer schöne ~~keine~~ Dinge.

Da kocht ~~durch~~ Oma Else mittags ~~auf~~ für Theo.

~~Nächste~~ Letzte Woche waren sie ~~auf dem~~ im Schwimmbad.

Heute ist ~~über~~ Oma-Tag.

Lösungen

6. Delfinarium

7.

	ja	nein
Hat Oma Else eine Trillerpfeife?		X
Trägt Hanne eine Halskette?		X
Hat Hanne Locken?	X	
Sprechen Delfine eine eigene Sprache?	X	
Hat das Delfinarium geöffnet?		X
Hat Oma Else eine Freundin?	X	
Fressen Delfine Heringe?	X	

8. Sein Herz *wummert*.

Seine Hand *zittert*.

In seinem Bauch *kribbelt es*.

9.

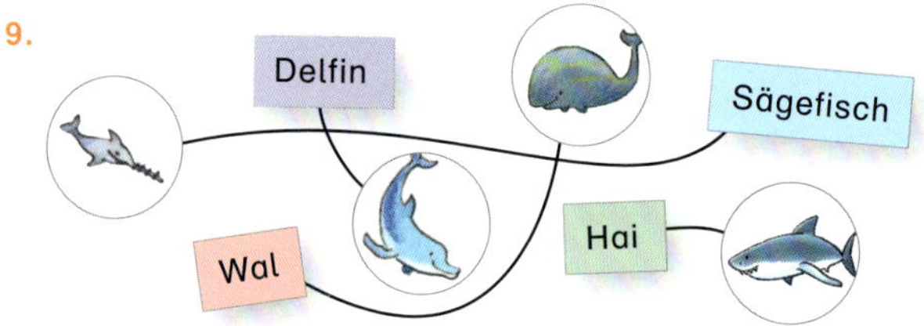

Das Lesezeichen ist dein Lösungsschlüssel für die Profifragen!

Für jede Antwort findest du ein Puzzleteil.

Wenn es zum Puzzle auf dem Lesezeichen passt, ist die Antwort richtig!